彩瓷巴蜀 陶韵千年

1978
成都大学

成都大学天府陶瓷
博物馆藏品集萃

——成都大学天府陶瓷艺术研究中心／编著——

四川大学出版社
SICHUAN UNIVERSITY PRESS

项目策划：王　睿
责任编辑：王　睿　胡晓燕
责任校对：荆　菁
封面设计：墨创文化　周玉强
责任印制：王　炜

图书在版编目（CIP）数据

成都大学天府陶瓷博物馆藏品集萃 / 成都大学天府
陶瓷艺术研究中心编著．— 成都：四川大学出版社，
2021.12
（彩瓷巴蜀　陶韵千年）
ISBN 978-7-5690-4766-0

Ⅰ．①成… Ⅱ．①成… Ⅲ．①陶瓷－成都－图集
Ⅳ．① K876.32

中国版本图书馆 CIP 数据核字（2021）第 112471 号

书 名	成都大学天府陶瓷博物馆藏品集萃
编 著	成都大学天府陶瓷艺术研究中心
出 版	四川大学出版社
地 址	成都市一环路南一段 24 号（610065）
发 行	四川大学出版社
书 号	ISBN 978-7-5690-4766-0
印前制作	成都墨之创文化传播有限公司
印 刷	四川盛图彩色印刷有限公司
成品尺寸	210mm×285mm
印 张	10.25
字 数	117 千字
版 次	2021 年 12 月第 1 版
印 次	2021 年 12 月第 1 次印刷
定 价	168.00 元

◆ 读者邮购本书，请与本社发行科联系。
　电话：(028)85408408/(028)85401670/
　(028)86408023　邮政编码：610065
◆ 本社图书如有印装质量问题，请寄回出版社调换。
◆ 网址：http://press.scu.edu.cn

四川大学出版社
微信公众号

成都大学
天府陶瓷博物馆
品茗藏集

编委会

序

20世纪80年代，邛窑出土了罕见的高温釉下彩绘瓷和高温三彩瓷，社会对其关注度极高。中国科学院院士、中国科学技术大学原校长朱清时教授称赞道："沉睡上千年，一醒惊天下！"

为深入考察以邛窑彩瓷为代表的巴蜀陶瓷演变史，探究巴蜀陶瓷文化在中华陶瓷发展历史上的独特位置，系统梳理巴蜀陶瓷历史的演变规律，总结归纳邛窑彩瓷、广元黑瓷、江油青瓷、磁峰白瓷、乐山窑变釉瓷等巴蜀陶瓷技艺；在平日教学、科研和社会公众服务中精准传播中国物质文化遗产，传承巴蜀陶艺文脉，弘扬天府文化精神，宣传讲解巴蜀神秘质朴的悠远历史，天府陶瓷博物馆拟出版一套巴蜀陶瓷专题丛书。

丛书第一部以古陶瓷收藏研究专家李铁锤先生首批捐赠给天府陶瓷博物馆的300多件文物为核心内容，以图片的形式集中展示了营盘山、宝墩、三星堆及邛窑遗址等出土的部分陶瓷器物。

丛书第二部主要介绍天府陶瓷博物馆三大展馆展陈情况，包含历史馆、文化馆和生活馆三大主题板块。其中，历史馆篇章呈现"远古美器 千载蜀风""蜀汉浪漫 陶俑画砖""唐彩流光 扬一益二""宋器儒雅 瓷清色净""三朝式微 薪火蛰存""川窑遗址 历史回响"六大主体内容；文化馆篇章包含茶瓷、酒瓷、文房瓷、生活瓷和休闲瓷五大核心内容；生活馆篇章则由巴蜀文创产品、蜀地诗词书画、巴蜀茶酒陶吧和陶艺教学工作坊四大板块组成。

丛书第三部主要对天府陶瓷博物馆文创产品进行介绍，主要介绍如何针对市场需求进行文创产品的设计制作。其具体包括三个方面的内容：一是相关理论，主要从文创产品的设计理念、原则、特点等方面来介绍；二是文创产品设计开发的流程和方法，并结合实际案例进行介绍；三是文创产品设计前沿知识，主要介绍前沿典型案例，结合前沿理论多角度解读和分析文创案例。

　　天府陶瓷博物馆坐落在青龙湖畔，成都大学老图书馆一、二楼。天府陶瓷博物馆得以成功创建，得益于李铁锤先生对巴蜀古陶瓷的热爱和四十年来坚持不懈的收藏。在我们的热诚邀约下，数百件陶瓷文物得以捐赠给成都大学。

　　今后，天府陶瓷博物馆的相关专业图书也会陆续进入丛书出版范畴。特别是巴蜀陶瓷史、邛窑彩瓷珍品个案研究会优先推介出版，如业界泰斗耿宝昌所言："邛窑具有典型的时代风格和时代特色，在陶瓷领域别树一帜，声溢四海。"让我们从馆藏巴蜀陶瓷精品实物中，从陶瓷文化研究丛书和图片、影像世界中，一起穿越千年时空，打开巴蜀陶艺之门，领略百态千姿、万种风情的泥火之歌、千古绝唱。

2021 年 6 月

前 言

天府文化源远流长，巴蜀古陶瓷是天府文明发展的物质见证。从5000余年前的营盘山文化开始，宝墩文化、三星堆文化、十二桥文化，以及随后的历朝历代，我们的先祖都烧制出各具时代特征的陶瓷制品，绚烂的陶瓷艺术见证着天府文明的璀璨历程。

文化是民族的血脉，是人们的精神家园。我们收集整理了大量自新石器时代起各时期巴蜀地区代表性窑口烧制的陶器、瓷器的完整器物或标本，积极推进巴蜀古陶瓷研究，为弘扬巴蜀古陶瓷文化而努力。这些藏品可以反映巴蜀地区陶瓷发展历史以及乳浊绿釉瓷、高温三彩瓷等烧造工艺对中国陶瓷发展的贡献，同时也印证了巴蜀古陶瓷在中国陶瓷发展史上不可替代的地位。

本书分为"古陶遗韵""秦汉风韵""唐宋雅韵"三个篇章，力求通过精美的藏品图片，丰富巴蜀陶瓷文化历史研究，再现巴蜀陶瓷文化的辉煌。本书所载是天府陶瓷博物馆的部分藏品。企业捐赠之举，是为了与成都大学共同建设好天府陶瓷博物馆，并以此为星火，让历史文化点亮现代文明，让现代人在历史的藏品中找到创新的灵感，以美为载体，在古今交融中推动人类文明进步。

倪明亮

2021 年 6 月

目录

成都大学
天府陶瓷博物馆
品瓷藏集

MULU

古陶遗韵

秦汉风韵

目录

唐宋雅韵

陶瓷器物

唐宋雅韵

秦汉风韵

宝墩文化

宫盘山文化

古陶遗韵

  在巴蜀这方山川灵秀的土地上，厥初生民以最易得的材料和简便的方式制作出镌刻着古老巴蜀文化记忆的陶器，并在中国多元文化融合的滚滚浪潮中，以视觉造型承载历史记忆。巴蜀先民在以定居农业为主、渔猎为辅的时代创造了灿烂的早期陶文化。分布于川、鄂两地的大溪文化遗址（距今 6000—5000 年）出土过许多精美的彩陶。位于成都平原的重要新石器时代文化——营盘山文化和宝墩文化出土的夹砂褐陶、灰陶和泥质褐陶的折沿尊、喇叭口形器、绳纹花边罐、圈足器、盘口尊等陶器都说明巴蜀地区数千年前的陶器烧制工艺已十分成熟，而彩陶的器身纹样以视觉图像将巴蜀先民的审美意识留存在器物上。

绳纹壶

高：39.5cm

口径：14.5cm

底径：11cm

天府陶瓷博物馆

成都大学

红陶壶

高：35cm

口径：14cm

底径：7.5cm

双耳壶

高：37cm

口径：15cm

底径：9.5cm

双耳喇叭口壶

高：28.5cm

口径：16cm

底径：7.5cm

双耳喇叭口尊

高：23cm

口径：17cm

底径：9cm

双耳喇叭口壶

高：31cm

口径：16cm

底径：7cm

双耳喇叭口尊

高：26cm

口径：19cm

底径：8 cm

双耳喇叭口壶

高：29cm

口径：14.5cm

底径：7.5cm

双耳喇叭口壶

高：30cm

口径：14.5cm

底径：8 cm

双耳喇叭口壶

高：31cm

口径：14cm

底径：8cm

双耳喇叭口壶

高：31.5cm

口径：14.5cm

底径：7.5 cm

双耳喇叭口壶

高：25cm

口径：13cm

底径：7.5cm

双耳喇叭口壶

高：23.8cm

口径：13.8cm

底径：8.5cm

双耳罐

高：16.6cm

口径：10.5cm

底径：6.8cm

红陶罐

高：16cm

口径：8cm

底径：5.2cm

成都大学

天府陶瓷博物馆

藏品荟集

双耳喇叭口壶

高：25cm

口径：17cm

底径：17cm

红陶双耳罐

高：23.5cm

口径：19.5cm

底径：7.3cm

红陶双耳罐

高：20cm

口径：12cm

底径：7.8 cm

红陶双耳罐

高：17cm

口径：13cm

底径：6.7cm

红陶双耳罐

高：16cm

口径：11cm

底径：9cm

红陶双耳罐

高：15.5cm

口径：9cm

底径：5cm

红陶双耳罐

高：16cm

口径：8.8cm

底径：5.4 cm

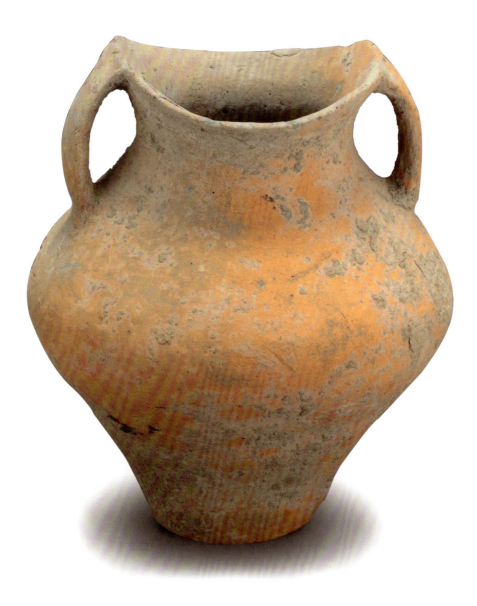

红陶双耳罐

高：13cm

口径：9cm

底径：4cm

红陶双耳罐

高：13cm

口径：8cm

底径：5cm

红陶双耳罐

高：14.5cm

口径：8cm

底径：4.6cm

绳纹陶鬲

高：13.5cm

口径：14.5cm

绳纹陶鬲

高：13cm

口径：13.8cm

双耳绳纹陶鬲

高：14cm

口径：9cm

双耳绳纹陶鬲

高：11cm

口径：8.8cm

绳纹陶鬲

高：14cm

口径：12.6cm

绳纹陶鬲

高：11.8cm

口径：13.5cm

成都大学
天府陶瓷博物馆

绳纹陶鬲

高：9cm

口径：11.2cm

陶鱼口罐

高：25cm

口径：10.5cm

底径：6.5 cm

白陶豆

高：18cm

口径：20.1cm

底径：12.8 cm

彩陶双耳罐

高：12.4cm

口径：18cm

底径：7.6cm

红陶三足釜

高：17.3cm

口径：11.1cm

彩陶双耳罐

高：11.3cm

口径：17cm

底径：7.2cm

小口尖底瓶

高：28.5cm

口径：3.4cm

陶鬲

高：16.2cm

口径：10cm

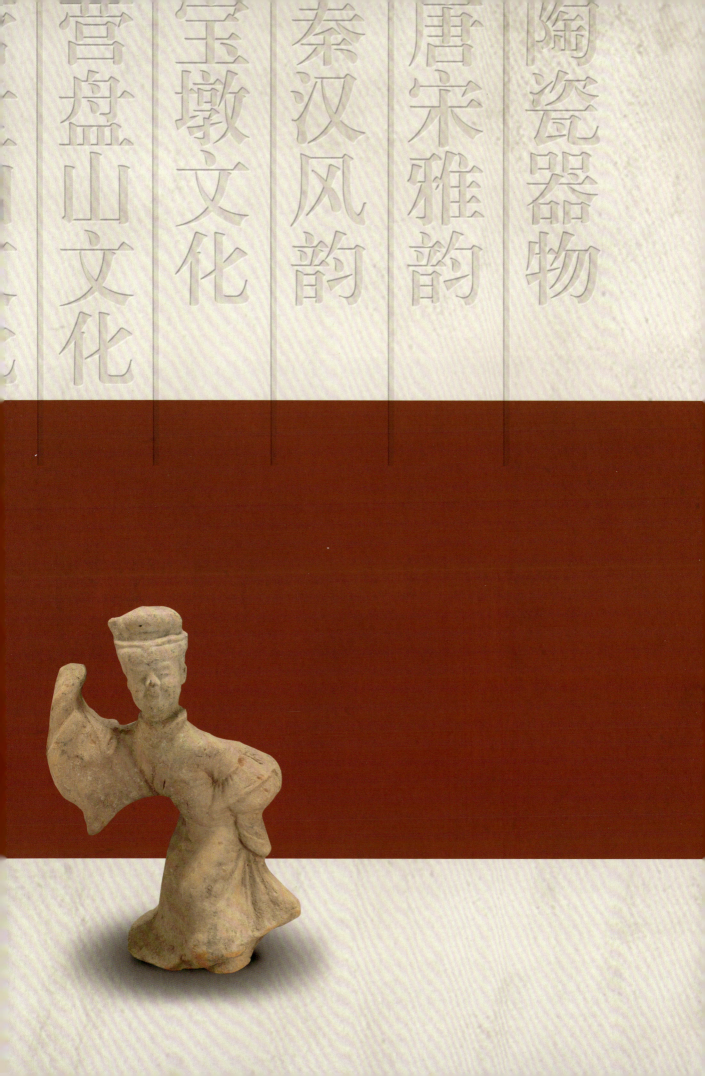

秦汉风韵

　　秦朝统一中国后，中原地区的先进文化和生产技术在巴蜀地区迅速传播，农业和手工业都有了较大的发展，人们生活富足。秦汉时期，陶器以泥质灰陶为主，另有少量的黑陶和红陶。陶器不仅广泛用于生活的各个领域，还被用作随葬品。巴蜀地区出土的大量汉砖、汉俑，记录了汉代人们的社会习俗、生产生活方式与生活习惯，等等。陶瓷器物生动地再现了社会生活的方方面面，有着极为重要的文化艺术价值和历史价值，是人类文明的瑰宝。

龙柄绿釉匜

高：10.5cm

底径：10cm

绿釉铺首耳陶壶

高：31cm

口径：12cm

底径：12.5cm

四系盘口陶壶

高：24.1cm

口径：12.5cm

底径：13cm

舞蹈陶俑

高：26cm

方相氏陶俑

高：114.5cm

吹箫陶俑

高：61.4cm

击鼓说唱陶俑

高：59.7cm

抚琴陶俑

高：59.8cm

成都大学

天府陶瓷博物馆

品荟藏集

陶灯台

高：48.5cm

抚琴陶俑

高：39.6cm

庖厨陶俑

高：31.3cm

原始青瓷双耳罐

高：29cm

口径：8.6cm

底径：11.2cm

双耳陶杯

长：11.3cm

宽：9.6cm

高：4cm

足径：7cm

双耳陶杯

长：12cm

宽：10.1cm

高：4.2cm

足径：4.5cm

黑陶羊头罐

高：32cm

口径：16.7cm

底径：13cm

黑陶羊头罐

高：12.7cm

口径：8cm

底径：5.3cm

黑陶羊头罐

高：17.7cm

口径：10.7cm

底径：7.3cm

黑陶羊头罐

高：14cm

口径：7.6cm

底径：7.9cm

弦纹陶盆

高：6.8cm

口径：17.2cm

底径：6.8cm

三足陶鼎

高：22.7cm

口径：22.8cm

成都大学
天府陶瓷博物馆
品茗藏集

陶埙

高：7.4cm

腹径：10cm

陶摇钱树座

通高：35.5cm

宽：23cm

陶狗

高：28cm

吹箫陶俑

高：23.8cm

成都大学
天府陶瓷博物馆
藏品荟集

陶子母鸡

通高：16.7cm

长：21.5cm

提桶女陶俑

高：44.5cm

陶狗

高：23.8cm

长：28cm

吹箫胡人俑

高：28.3cm

陶鸭

高：11cm

长：11.8cm

抚琴陶俑

高：18.8cm

陶鸭

高：13.5cm

长：17.7cm

农夫俑

高：29.4cm

庖厨陶俑

高：35.9cm

黄釉陶猪

高：15cm

长：24.1cm

农夫俑

高：66.5cm

陶鸭

高：17.5cm

长：20.6cm

吹笙陶俑

高：19.3cm

陶狗

高：25cm

长：28.6cm

成都大学
天府陶瓷博物馆

农夫俑

高：31.5cm

陶鸡

高：15.3cm

长：15.2m

庖厨俑

高：20.3cm

陶盆

高：7cm

口径：18.7cm

底径：7.4cm

陶鸡

高：23.3cm

长：18.3cm

陶羊

高：13cm

长：19cm

文官陶俑

高：27.2cm

陶鸭

高：14.9cm

长：20cm

庖厨陶俑

高：26cm

陶鸭

高：10.8cm

长：12.2cm

文官陶俑

高：28.3cm

陶鸡

高：13.3cm

长：16cm

陶猪

高：12.7cm

长：21.8cm

陶俑

高：17.5cm

庖厨陶俑

高：38.8cm

陶鸭

高：12.8cm

长：14.3cm

文官陶俑

高: 23cm

陶鸭

高: 14.7cm

长: 11.7cm

文官陶俑

高：23.3cm

天府陶瓷博物馆　成都大学

文官陶俑

高：23.3cm

文官陶俑

高：23cm

陶罐

高：23.5cm

口径：18cm

底径：18.3cm

绳纹陶罐

高：32cm

口径：25.8cm

底径：15.7cm

弦纹铺首带盖壶

高：57.3cm

口径：22cm

底径：23cm

盖直径：24.2cm

成都大学

天府陶瓷博物馆

品茗藏集

画像砖（周穆王拜谒西王母）

长：44cm

宽：28.6cm

高：5.3cm

陶瓷器物

唐宋雅韵

秦汉风韵

宝墩文化

宫盘山文化

唐宋雅韵

唐代，丝绸之路推动巴蜀经济走向前所未有的发展阶段，成都成为全国最繁华的经济大都会之一，有"扬一益二"之誉。巴蜀陶瓷名冠天下，远销江南各地与中原地区，成为民用与官用陶瓷中的佼佼者，巴蜀也成为西南制瓷中心。邛崃十方堂窑、成都琉璃厂窑、都江堰玉堂窑、乐山荻坪山窑、雅安芦山窑、遂宁龙凤镇窑等工艺更先进、规模更大的新窑场逐渐取代了青瓷古窑场。其中，邛窑是巴蜀最负盛名的古代陶瓷窑群，犹以釉下彩绘、乳浊绿釉、高温三彩名冠天下。

宋代是中国古代文化艺术发展的高峰，宋瓷追求含蓄内敛、素净简朴、清新淡雅、神韵自然的审美品位，与唐瓷恢宏都丽、恣纵豪宕的风范形成鲜明对比。宋瓷以器型别致和釉色素雅为典型特征，以单色釉精美而著称于世。器物整体色调清雅，完美呈现宋代的儒雅风尚。

这一时期，巴蜀陶瓷业飞速发展，窑址分布广泛，遍及涪江、岷江、沱江、嘉陵江流域。宋代巴蜀陶瓷，无论是酒具、茶具，还是花器、香具都极具情趣与雅韵，与时代文化气息相吻合。此时的器物大多釉色明亮、润泽素雅。尤其值得一提的是，清溪窑的天青釉瓷被誉为宋代巴蜀瓷器的巅峰。

邛窑彩绘鱼形研磨器

长：22cm

宽：9.2cm

高：4.7cm

邛窑褐绿彩葫芦瓶

高：10.2cm

底径：3.5cm

邛窑三彩执壶

高：20.5cm

底径：5.3cm

邛窑彩绘四系罐

高：18cm

口径：8.5cm

底径：8.6cm

邛窑黑釉双系壶

高：17.1cm

口径：4cm

底径：10.2cm

邛窑彩绘双系壶

高：27.2cm

口径 :10.4cm

底径：12cm

邛窑彩绘五管瓶

高：18.9cm

口径：5.1cm

底径：11.1cm

邛窑米黄釉罐

高：16.3cm

口径：10.8cm

底径：11.2cm

邛窑米黄釉执壶

高：17.9cm

口径：4.8cm

底径：7.8cm

邛窑彩绘四系盘口壶

高：20cm

口径：3.5cm

底径：8cm

邛窑米黄釉双系壶

高：11.7cm

口径：6.3cm

底径：8.5cm

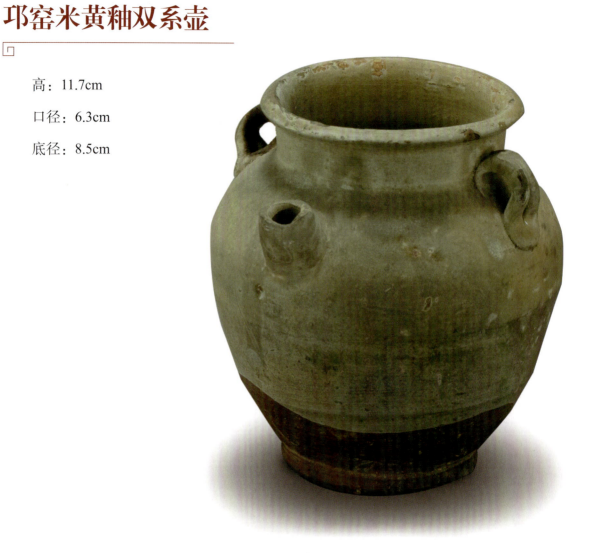

邛窑米黄釉双系壶

高：11cm

口径：3.7cm

底径：5.5cm

邛窑乳浊绿釉炉

高：8cm

口径：6.1cm

底径：6.6cm

邛窑窑变釉执壶

高：16cm

口径：7.6cm

底径：9.1cm

涂山窑黑釉双系罐

高：8.5cm

口径：9.5cm

底径：7cm

成都大学
天府陶瓷博物馆

邛窑米黄釉四系罐

高：12.5cm

口径：3.5cm

底径：4.8cm

邛窑乳浊绿釉瓜棱罐

高：7.5cm

口径：6.1cm

底径：5.4cm

邛窑乳浊青釉点绿彩双系壶

高：10.2cm

口径：4.3cm

底径：5.6cm

邛窑彩绘禾草纹大盆

高：10cm

口径：41cm

底径：24cm

邛窑彩绘刻花禾草纹双鱼大盆

高：12.2cm

口径：47.3cm

底径：30cm

邛窑米黄釉四系罐

高：14.5cm

口径：7.5cm

底径：9.2cm

邛窑褐釉省油灯

高：3.3cm

口径：9.1cm

底径：3.5cm

邛窑褐彩四系盘口壶

高：22.1cm

口径：6.5cm

底径：7.7cm

邛窑省油灯

高：4cm

口径：4.5cm

底径：4.8cm

邛窑双系罐

高：15.6cm

口径：6.8cm

底径：7cm

邛窑黑釉四系罐

高：14.7cm

口径：7.1cm

底径：9cm

邛窑执壶

高：19.7cm

口径：6.4cm

底径：9.2cm

邛窑彩绘四系罐（两只系残）

高：18.8cm

口径：7.4cm

底径：10cm

邛窑茶叶末釉双系壶

高：15.6cm

口径：3.6cm

底径：8.4cm

邛窑彩绘盆

高：6.8cm

口径：24.3cm

底径：14.8cm

邛窑褐釉小罐

高：6.5cm

口径：2.4cm

底径：3cm

邛窑褐釉小罐

高：4.5cm

口径：1.8cm

底径：3.5cm

邛窑米黄釉盆

高：10cm

口径：27.6cm

底径：20cm

邛窑米黄釉点彩碗

高：5cm

口径：15.3cm

底径：5.7cm

邛窑乳浊青釉碗

高：4.6cm

口径：12.4cm

底径：6.3cm

邛窑米黄釉碗

高：5.7cm

口径：16.2cm

底径：5.4cm

邛窑双系罐

高：25cm

口径：17.5cm

底径：12.6cm

邛窑酱釉灯盏

高：3.5cm

口径：9.6cm

底径：4cm

邛窑黑釉绘白彩单耳鸟食罐

高：5.5cm

口径：9.5cm

底径：12cm

邛窑米黄釉四系罐

高：14.5cm

口径：7.6cm

底径：9cm

邛窑褐釉风字砚

长：12.8cm

宽：10.4cm

高：3.2cm

邛窑黄釉灯盏

高：3.2cm

口径：12.5cm

底径：4.4cm

邛窑省油灯

高：6.7cm

口径：11cm

底径：4.7cm

邛窑风字砚

长：12.3cm

宽：10.2cm

高：3.3cm

邛窑灯盏

高：3cm

口径：10.7cm

底径：4cm

邛窑褐釉瓷研磨盘

高：3.1cm

口径：13cm

底径：5.5cm

邛窑绿釉双系执壶

高：12.9cm

口径：3.8cm

底径：5.7cm

邛窑褐釉灯盏

高：3.2cm

口径：10.2cm

底径：4.6cm

邛窑四系罐

高：29.7cm

口径：9.6cm

底径：15.5cm

邛窑米黄釉点彩单耳罐

高：6.3cm

口径：9.2cm

底径：13cm

邛窑褐釉省油灯

高：3.3cm

口径：11.5cm

底径：3.3cm

邛窑米黄釉单耳执壶

高：5.6cm

口径：1.6cm

底径：2.9cm

邛窑褐釉箕形砚

长：12.7cm

宽：10.5cm

高：3.35cm

邛窑米黄釉双耳罐

高：25cm

口径：14cm

底径：10.5cm

邛窑米黄釉绘彩瓶

高：19.4cm

口径：7.2cm

底径：7.3cm

邛窑褐彩双耳罐

高：15.3cm

口径：6.8cm

底径：8.8cm

邛窑米黄釉四系罐

高：14cm

口径：7.1cm

底径：9.3cm

邛窑褐釉省油灯

高：4cm

口径：11.7cm

底径：4.2cm

彩绘四系盘口壶

高：34.6cm

口径：16.6cm

底径：10.3cm

邛窑风字砚

长：12.4cm

宽：9.8cm

高：3.2cm

邛窑米黄釉点彩四系罐

高：16.5cm

口径：6.6cm

底径：6.6cm

邛窑青釉双系执壶

高：26.8cm

口径：12.8cm

底径：10cm

邛窑褐彩风字砚

长：12.4cm

宽：10.2cm

高：3cm

成都大学
天府陶瓷博物馆
藏品集著

邛窑绿釉双耳执壶

高：14cm

口径：6.8cm

底径：6.7cm

邛窑褐釉灯盏

高：3.2cm

口径：10.8cm

底径：4.2cm

邛窑褐釉灯盏

高：3cm

口径：11.2cm

底径：4.3cm

邛窑青釉双耳尊

高：11.7cm

口径：6.4cm

底径：7.1cm

邛窑米黄釉点褐彩碗

高：4.5cm

口径：13.5cm

底径：5cm

邛窑黑釉双耳尊

高：10.6cm

口径：6.2cm

底径：6.6cm

邛窑黄釉盘

高：3cm

口径：10.7cm

底径：4cm

邛窑沥线纹双耳尊

高：16cm

口径：7.6cm

底径：8.8cm

成都大学

天府陶瓷博物馆

藏·品集·萃

邛窑米黄釉四系罐

高：13.8cm

口径：8.8cm

底径：9.3cm

邛窑米黄釉双耳壶

高：12.5cm

口径：5.7cm

底径：5.8cm

邛窑米黄釉双耳尊

高：14.6cm

口径：8.9cm

底径：10cm

成都 大学

天府陶瓷博物馆

邛窑米黄釉四系尊

高：8.3cm

口径：6.9cm

底径：5.7cm

邛窑褐釉黄彩洗

高：6.1cm

口径：18.3cm

底径：16.2cm

邛窑褐釉灯盏

高：3.5cm

口径：11.6cm

底径：4.7cm

邛窑褐釉五足炉

高：4.1cm

口径：9.3cm

成都大学
天府陶瓷博物馆

邛窑褐釉球丸

直径：4.1cm

邛窑黑釉单耳罐

高：5.6cm

口径：10cm

底径：9.7cm

邛窑黄釉绿彩背带壶

高：41cm

口径：7.5cm

底径：11.7cm

邛窑褐彩执壶（残）

高：18.3cm

口径：6.6cm

底径：6.8cm

邛窑米黄釉绿彩四系罐

高：39cm

口径：18cm

底径：15.3c

广元窑绿釉刻花炉

高：12.8cm

口径：12.8cm

底径：8.2cm

广元窑绿釉刻花八角炉

高：6.2cm

口径：9cm

广元窑绿釉刻花炉

高：10cm

口径：11.8cm

广元窑绿釉胆瓶

高：12.5cm

口径：2cm

底径：3.7cm

广元窑绿釉贯耳瓶

高：14.5cm

口径：3cm

底径：4.5cm

龟背立人俑

通高：29.5cm

西坝窑虎斑纹食箸罐

高：13.6cm

底径：4.9cm

西坝窑窑变釉花口瓶

高：25.5cm

口径：4.8cm

底径：7.4cm

西坝窑黑釉双系罐

高：16cm

口径：9cm

底径：7.5cm

涂山窑黑釉双系罐

高：15.4cm

口径：9.5cm

底径：7cm

西坝窑窑变釉瓶

高：15cm

口径：2cm

底径：5.2cm

西坝窑窑变釉炉

高：7.8cm

口径：7.7cm

西坝窑窑变釉盏

高：5.5cm

口径：9.5cm

底径：4cm

涂山窑黑釉瓶

高：17cm

口径：3.6cm

底径：5.8cm

涂山窑黑釉双系罐

高：11.6cm

口径：5.7cm

底径：5.1cm

涂山窑黑釉执壶

高：12.3cm

口径：2.6cm

底径：5.5cm

清溪窑天青釉食箸罐

高：15.5cm

口径：4.1cm

底径：5cm

西坝窑玳瑁釉茶盏

高：6.1cm

口径：9.6cm

底径：3.4cm

西坝窑窑变釉盏（带匣钵）

高：7cm

口径：11.5cm

底径：3.5cm

广元窑三彩炉

高：7.5cm

口径：9.2cm

底径：6.4cm

西坝窑黑釉盏

高：6.3cm

口径：9.3cm

底径：3.5cm

广元窑双系罐

高：14cm

口径：5.5cm

底径：6cm

涂山窑黑釉双系罐

高：14.9cm

口径：9.6cm

底径：7.2cm

西坝窑瓜棱罐

高：7.8cm

口径：5.9cm

底径：5.1cm

琉璃厂窑"成都叁"窑炉编号牌

长：7cm

宽：6.8cm

高：1.8cm

琉璃厂窑褐釉双耳三足炉

高：9.5cm

口径：3.2cm

琉璃厂窑褐釉铭文炉

高：18.2cm

口径：11.8cm

底径：17.6cm

金凤窑白釉碟

高：2cm

口径：9.6cm

底径：3.6cm

磁峰窑白瓷盘

高：2cm

口径：8.4cm

底径：3cm

磁峰窑白瓷葵口盘

高：1.9cm

口径：7.5cm

底径：3.4cm

三彩文官俑

高：13.5cm

成都大学
天府陶瓷博物馆
藏品集著

三彩文官俑

高：24.8cm

三彩文官俑

高：23.6cm

三彩文官俑

高：24.3cm

成都大学
天府陶瓷博物馆

品萃藏集

涂山窑茶叶末釉罐

高：14.1cm

口径：8cm

底径：6.4cm

成都大学
天府陶瓷博物馆
品茗集藏

邛窑双系绘白彩罐

高：29.6cm

口径：14cm

底径：11.5cm

邛窑箕形砚

长：14.2cm

宽：12.4cm

高：3.7cm

邛窑斑彩双系执壶

高：25.2cm

口径：8.4cm

底径：9.4cm

邛窑铭文大盆（七星法具）

高：9cm

口径：24.2cm

底径：9.4cm

邛窑青釉执壶

高：19cm

口径：7.4cm

底径：8cm

邛窑黑釉罐

高：21.8cm

口径：5.8cm

底径：7.5cm

成都大学

天府陶瓷博物馆

邛窑白釉褐彩双系罐

高：10.6cm

口径：9.6cm

底径：6.5cm

邛窑黑釉双耳执壶

高：21.7cm

口径：6.6cm

底径：8cm

邛窑米黄釉执壶

高：16.7cm

口径：6.4cm

底径：7cm

邛窑白釉点彩簸口碗

高：4.9cm

口径：13cm

底径：4cm

华光窑白瓷盏

高：5.6cm

口径：10.8cm

底径：3.8cm

磁峰窑白釉瓜棱水盂

高：6.3cm

口径：7.4cm

底径：5.6cm